Mi vida más allá de la
LEUCEMIA

Una historia de una paciente de Mayo Clinic
Hey Gee y Rae Burremo

Traducción de Isabel C. Mendoza

Prólogo

Tenía cinco años y medio de edad cuando las piernas comenzaron a dolerme tanto que no podía ni caminar. Mis padres me llevaron al médico. Después de un par de semanas, nos enteramos de que el dolor era causado por un cáncer en la sangre llamado leucemia linfoblástica aguda.

Mi vida cambió mucho desde entonces. Tenía que tomar medicinas en casa e ir al hospital para recibir otra medicina llamada **quimioterapia**. La **quimioterapia** me la inyectaban en la sangre a través de un **puerto**, y también me la ponían en la columna vertebral. La medicina me sanaba, pero me hacía sentir mal. También me hizo perder todo el cabello. A veces me ponía una peluca o una pañoleta, pero el cabello me volvió a crecer al cabo de un tiempo. La medicina de **quimioterapia** también me debilitaba el **sistema inmune**, así que a mi cuerpo le costaba trabajo combatir enfermedades. Por eso, a veces me tenía que mantener alejada de mis amigos y hermanos para protegerme de los gérmenes. Eso fue muy duro.

Ahora que he terminado mi tratamiento y estoy libre de cáncer, quise contar mi historia para que otros niños entiendan un poco más cómo es la vida cuando uno tiene leucemia.

Rae Burremo

"

CONTINÚA SIENDO EL AMO DE TU PROPIO CUERPO

"

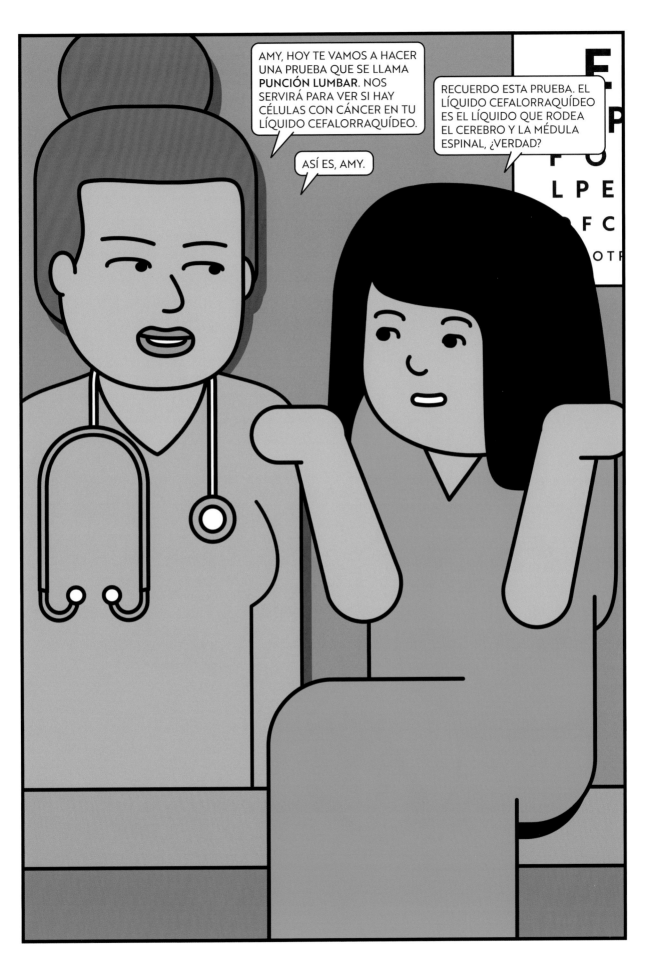

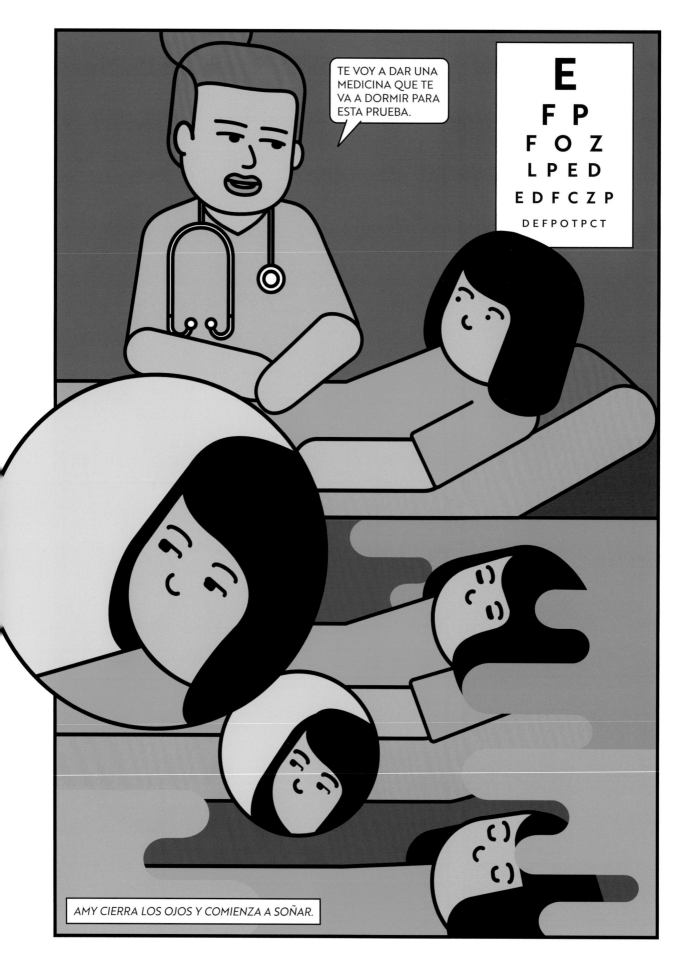

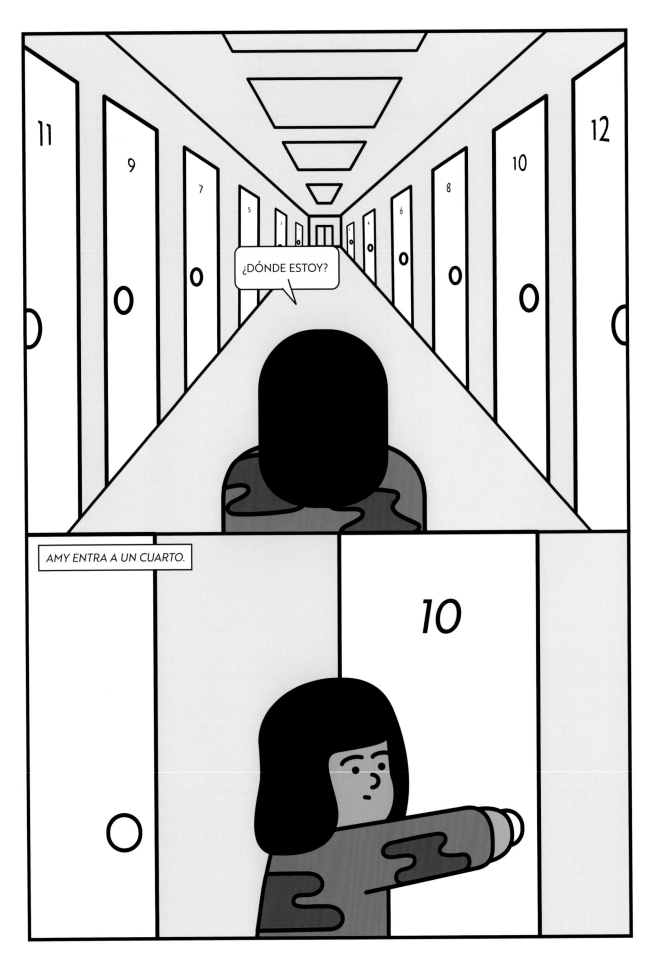

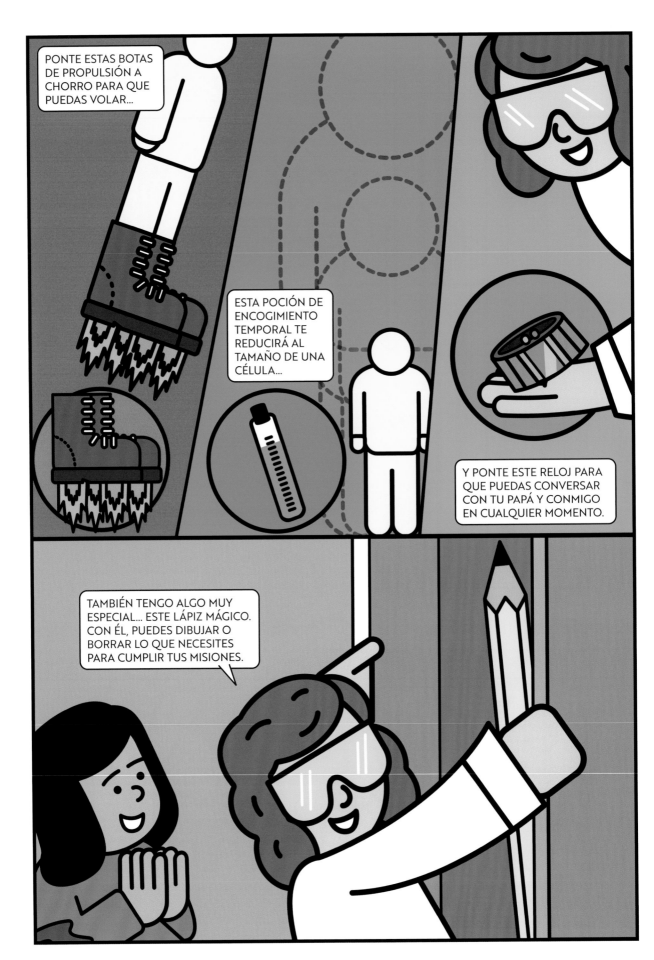

¡TUUTUU! ¡TUUTUU! ¡TUUTUU!

EL PAPÁ DE AMY LA LLAMA POR EL RELOJ ESPECIAL.

HOLA, AMY. EN EL CUARTO NÚMERO SIETE HAY UNA NIÑA QUE ACABA DE ENTERARSE DE QUE TIENE **LEUCEMIA**. TIENE MIEDO DE LA MEDICINA QUE DEBE TOMAR. CREO QUE TÚ LA PUEDES AYUDAR.

¡BUENA SUERTE!

PISO 1

Tú estás aquí

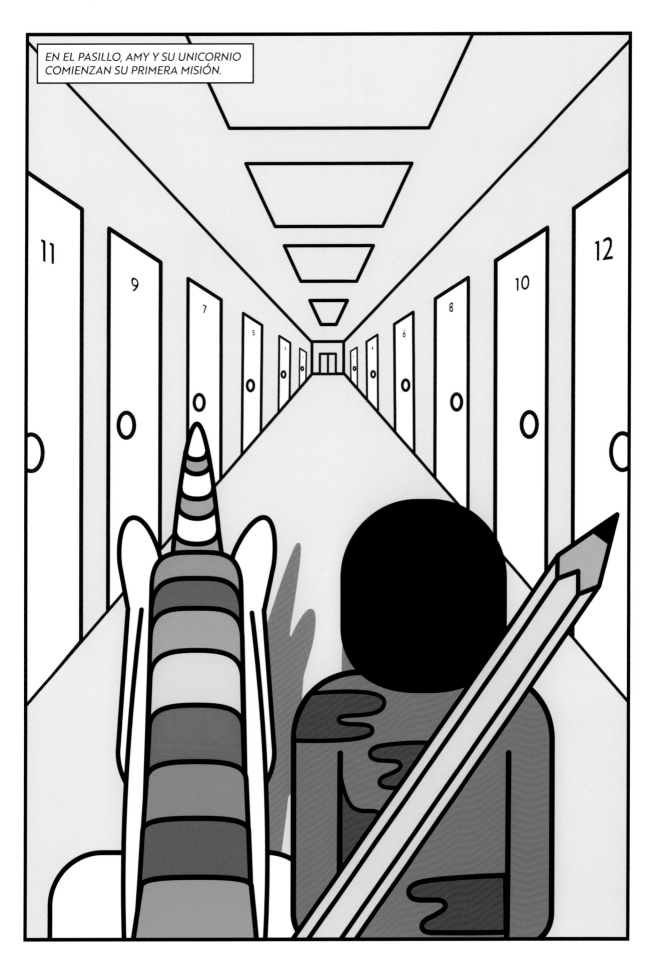

ANTES DE QUE PASE EL EFECTO DE LA POCIÓN, AMY USA SU LÁPIZ MÁGICO PARA MOSTRAR CÓMO FUNCIONA LA **QUIMIOTERAPIA**. LUCHA CONTRA LAS CÉLULAS CANCERÍGENAS Y LAS DESTRUYE, Y LAS REEMPLAZA CON GLÓBULOS ROJOS SALUDABLES.

LOS SUPERHÉROES TRABAJAN JUNTOS PARA AYUDAR A OTROS NIÑOS CON CÁNCER.

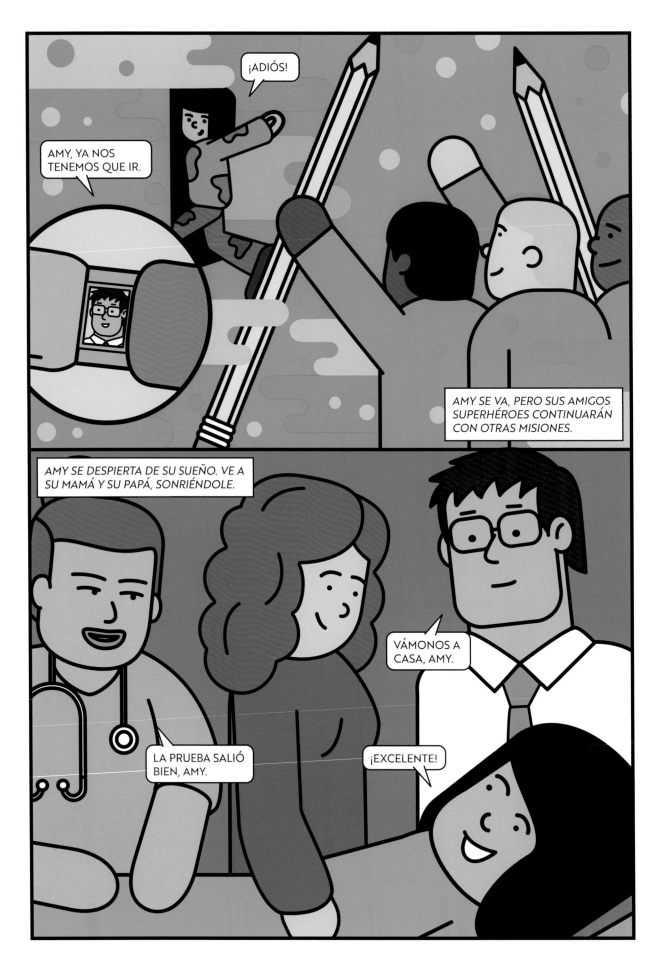

¡TENGO QUE CONTARLES LO QUE SOÑÉ!

AUNQUE AMY YA NO TIENE QUE VER AL MÉDICO TAN SEGUIDO, TODAVÍA RECUERDA A SU EQUIPO Y SU VALIENTE LUCHA.

AMY ESTÁ CONTENTA PORQUE PODRÁ VOLVER A PASAR TIEMPO CON SUS AMIGOS, SU HERMANA, SUS HERMANOS, SU PERRO Y SU GATO. EL CÁNCER NO ES CONTAGIOSO.

TÉRMINOS CLAVES

biopsia de médula ósea: Procedimiento para extraer células de la médula ósea del hueso de la cadera con un tipo especial de aguja. Normalmente se realiza con anestesia (una medicina que duerme al niño). El análisis de la médula ósea es necesario para el diagnóstico y para monitorear la respuesta al tratamiento.

LLA: Leucemia linfoblástica aguda (**ALL**, por sus siglas en inglés).

LMA: Leucemia mieloide aguda (**AML**, por sus siglas en inglés).

puerto: Un catéter intravenoso (IV) o "línea" especial que un cirujano coloca debajo de la piel y que parece un botón. Esto permite tener acceso IV de manera segura para administrar medicinas y también para extraer sangre para exámenes de laboratorio. Una aguja conectada a un tubo puede entrar fácilmente en el puerto. El acceso al puerto puede ser doloroso, así que con anticipación se aplica una medicina que adormece el área.

punción lumbar: Procedimiento que se usa para extraer líquido cefalorraquídeo de la espalda. Se puede usar para detectar células con leucemia y también para administrar quimioterapia directamente en el líquido cefalorraquídeo para prevenir que la leucemia aparezca allí. Por lo general, a los niños se les da una medicina especial para dormirlos antes de realizar este procedimiento.

quimioterapia: Medicina potente que mata las células cancerígenas.

remisión: Cuando ya no se detecta cáncer en el cuerpo.

sistema inmune: Sistema del cuerpo que lo ayuda a defenderse de las infecciones, las bacterias y los virus.

INFORMACIÓN ADICIONAL DE PARTE DE LA EDITORA MÉDICA DE ESTE LIBRO

Por **Mira A. Kohorst, M.D.**
Consultora, Departamento de Hematología y Oncología Pediátrica, Mayo Clinic, Rochester, MN; Profesora Asistente de Hematología y Oncología Pediátrica de la Escuela de Medicina y Ciencias de Mayo Clinic

La leucemia es un tipo de cáncer que afecta la sangre, y es el cáncer más común entre los niños. La sangre se compone de diferentes tipos de células que se forman en la médula ósea, que es la fábrica de sangre del cuerpo. Cuando hay leucemia, la médula ósea hace células sanguíneas anormales que se multiplican sin control. Estas células que se expanden rápidamente arrinconan a las células normales y pueden causar dolor en los huesos, fiebre, inflamación de los nódulos linfáticos, sangramiento y aparición de moretones a causa de los bajos niveles de plaquetas, y falta de energía debido a los bajos niveles de glóbulos rojos.

Un diagnóstico de leucemia se basa en la historia del paciente, un examen físico, pruebas de sangre y una **biopsia de médula ósea**. Hay diferentes tipos de leucemia. La que les da a los niños es usualmente del tipo que progresa rápidamente, llamada leucemia aguda. Hay dos clases principales de leucemia aguda infantil: la leucemia linfoblástica aguda (**ALL**, por sus siglas en inglés) y la leucemia mieloide aguda (**AML**, por sus siglas en inglés). **ALL** es la más común de las dos.

Para tratar la leucemia se necesita una medicina potente llamada **quimioterapia** que mata las células cancerígenas. Esta medicina se administra a los niños por la boca, por las venas (IV) e incluso directamente en el líquido cefalorraquídeo, en la espalda, ya que la leucemia puede llegar hasta allí. En algunos casos, se requiere radioterapia para ayudar en el tratamiento. Cuando la leucemia no se elimina por completo con la **quimioterapia** estándar, o cuando la enfermedad desaparece y luego regresa, podría ser necesario hacer un trasplante de médula ósea. Afortunadamente, siempre se están desarrollando nuevas terapias que también se podrían aplicar.

Se considera que los niños están en **remisión** cuando ya no se detecta leucemia en la médula ósea. Incluso después de que un paciente se considera en **remisión**, con frecuencia se requiere una larga ronda de tratamiento para reducir la probabilidad de que regrese la leucemia. Para niños con **ALL**, esta ronda típicamente puede durar entre dos y tres años, y se aplica la **quimioterapia** más intensa durante los primeros meses. Después de terminar el tratamiento, se requiere que el médico vea con frecuencia a los niños para monitorearlos en busca de señales de que la leucemia ha regresado y de efectos secundarios de largo plazo que podría producir el tratamiento. La tasa de curación de la leucemia infantil ha mejorado drásticamente durante las últimas décadas, así que cada vez hay más y más sobrevivientes. Estos sobrevivientes quedan, con frecuencia, con problemas de salud relacionados con el intenso tratamiento que reciben. Típicamente, un equipo multidisciplinario continúa monitoreándolos hasta la adultez para ayudarlos en caso de que se presenten problemas.

REFERENCIAS

Kaplan JA. Leukemia in Children. *Pediatrics in Review*. 2019; doi: 10.1542/pir.2018-0192.

Brown P, Inaba H, Annesley C, Beck J, Colace S, Dallas M, DeSantes K, Kelly K, Kitko C, Lacayo N, Larrier N, Maese L, Mahadeo K, Nanda R, Nardi V, Rodriguez V, Rossoff J, Schuettpelz L, Silverman L, Sun J, Sun W, Teachey D, Wong V, Yanik G, Johnson-Chilla A, Ogba N. Pediatric Acute Lymphoblastic Leukemia, Version 2.2020, NCCN Clinical Practice Guidelines in Oncology. *Journal of the National Comprehensive Cancer Network*. 2020; doi: 10.6004/jnccn.2020.0001.

RECURSOS EN LÍNEA EN ESPAÑOL

American Cancer Society (Sociedad Estadounidense del Cáncer) — https://www.cancer.org/es.html

La misión de American Cancer Society es tener un mundo sin cáncer. Hasta que esto se vuelva una realidad, financiará y realizará labores de investigación del cáncer, compartirá información por parte de grupos expertos en el tema, ofrecerá el apoyo que las personas con cáncer requieren y fomentará las medidas que ayudan a prevenir la enfermedad. Todo con la finalidad de que vivamos más y mejor.

Mayo Clinic – https://www.mayoclinic.org/es-es

En el sitio web de Mayo Clinic se puede encontrar un resumen en español de los síntomas, las causas, el diagnóstico y el tratamiento de los dos tipos de leucemia más comunes entre los niños.

Leucemia linfoblástica aguda (**ALL**, por sus siglas en inglés): **https://www.mayoclinic.org/es-es/ diseases-conditions/acute-lymphocytic-leukemia/symptoms-causes/syc-20369077**

Leucemia mieloide aguda (**AML**, por sus siglas en inglés): **https://www.mayoclinic.org/es-es/ diseases-conditions/acute-myelogenous-leukemia/diagnosis-treatment/drc-20369115**

SOBRE LA EDITORA MÉDICA DE ESTE LIBRO

Mira A. Kohorst, M.D.
Consultora, Departamento de Hematología y Oncología Pediátrica, Mayo Clinic, Rochester, MN;
Profesora Asistente de Hematología y Oncología Pediátrica de la Escuela de Medicina y Ciencias de Mayo Clinic

La doctora Kohorst está certificada por el panel examinador en Hematología y Oncología Pediátrica y en Farmacología Clínica. Es Profesora Asistente de Hematología y Oncología Pediátrica de la Escuela de Medicina y Ciencias de Mayo Clinic. Ha publicado dieciséis artículos y capítulos de libros evaluados por pares y numerosas reseñas para convenciones nacionales e internacionales. Su trabajo se concentra en el trasplante de células hematopoyéticas, la terapia celular y la leucemia y el linfoma de alto riesgo en pediatría.

SOBRE LOS AUTORES

Guillaume Federighi, alias **Hey Gee**, es un autor e ilustrador francoestadounidense. Comenzó su carrera en 1998 en París, Francia, y dedicó algunas décadas a explorar el mundo del arte callejero y el grafiti en diferentes capitales europeas. Luego de mudarse a Nueva York, en 2008, trabajó con muchas compañías y marcas, y desarrolló una reputación en las áreas del diseño gráfico y la ilustración gracias a su estilo característico de traducir ideas complejas en historias visuales sencillas y atemporales. También es el dueño y director creativo de Hey Gee Studio, una agencia creativa radicada en la ciudad de Nueva York.

Rae Burremo era una típica niña de cinco años cuando comenzó a sentir un dolor en las piernas que la puso a cojear. Por un par de semanas, sus padres y médicos estuvieron buscando la causa del dolor hasta que por fin examinaron sus piernas a través de una imagen por resonancia magnética (MRI, por sus siglas en inglés) y fue diagnosticada con leucemia linfoblástica aguda. Rae contó con un magnífico grupo de amigos y parientes que la apoyaron durante todo el tratamiento, asegurándose de que siempre tuviera sus golosinas saladas favoritas y muchos materiales de arte. A Rae le encantan los espaguetis con salsa roja, la pizza de *pepperoni* y todo tipo de frutas. La apasionan los animales, es una amiga dedicada y le encanta escuchar música, dibujar, saltar en trampolín, la natación, el patinaje artístico y visitar Disney World con su familia. Hoy, Rae es una niña saludable de diez años que cursa cuarto grado y sueña con ser diseñadora de interiores cuando sea grande.

SOBRE BOOKLAB DE LA FUNDACIÓN IPSEN

La fundación Ipsen se dedica a repensar la divulgación científica para mejorar la vida de millones de personas en todo el mundo. La transmisión de contenidos científicos al público de manera precisa es un asunto complicado ya que la información científica suele ser técnica y se disemina mucha información errónea. La fundación Ipsen estableció en 2018 BookLab para atender esta necesidad. Los libros de BookLab nacen de la colaboración entre científicos, médicos, artistas, escritores y niños. Los libros de BookLab llegan, tanto en papel como en formato electrónico, y en varios idiomas, a gente de todas las edades y culturas en más de cincuenta países. Las publicaciones de BookLab de la fundación Ipsen son gratis para escuelas, bibliotecas y personas que viven en condiciones precarias. ¡Únete a nosotros! Puedes acceder a nuestro sitio web, www.fondation-ipsen.org, para leer y compartir nuestros libros.

SOBRE MAYO CLINIC PRESS

Mayo Clinic lanzó su propia editorial, Mayo Clinic Press, en 2019, con el objetivo de arrojar luz sobre las historias más fascinantes de la medicina y empoderar a individuos con el conocimiento necesario para forjarse una vida más saludable y feliz. Desde el galardonado boletín mensual *Mayo Clinic Health Letter* hasta libros y contenido multimedia que cubren todos los ámbitos de la salud y el bienestar humano, las publicaciones de Mayo Clinic Press brindan a los lectores contenido confiable creado por algunos de los profesionales del cuidado de la salud que son líderes mundiales en su campo. Los ingresos sirven para financiar investigaciones médicas importantes y los programas de educación de Mayo Clinic. Para mayor información, visitar https://mcpress.mayoclinic.org.

SOBRE ESTA COLABORACIÓN

La colección *My Life Beyond* (nombre original en inglés) fue desarrollada gracias a la colaboración entre BookLab, de la fundación Ipsen, y Mayo Clinic, que ha impartido educación médica de clase mundial durante más de 150 años. Esta colaboración tiene como objetivo proveer recursos confiables e impactantes para la comprensión de enfermedades infantiles y otros problemas que pueden afectar el bienestar de los niños.

La colección les ofrece a los lectores una perspectiva holística de la vida de niños con (y más allá de) sus retos médicos. Niños y adolescentes que han sido pacientes de Mayo Clinic trabajaron con el autor-ilustrador Hey Gee en la creación de estos libros, compartiendo sus experiencias personales. El resultado ha sido una serie de historias ficticias que reviven de manera auténtica las emociones de los pacientes y sus inspiradoras respuestas a circunstancias desafiantes. Además, médicos de Mayo Clinic aportaron los últimos conocimientos médicos en cada tema con el objetivo de que las historias puedan servir para que otros pacientes, familias y cuidadores entiendan la manera en que los niños perciben y resuelven sus propios retos.

© 2023, Vista Higher Learning, Inc.
500 Boylston Street, Suite 620
Boston, MA 02116-3736
www.vistahigherlearning.com
www.loqueleo.com/us

© Del texto y las ilustraciones: 2021, Mayo Foundation for Medical Education and Research (MFMER)
MAYO, MAYO CLINIC y el logo de Mayo con los tres escudos son marcas de Mayo Foundation for Medical
Education and Research. Todos los derechos reservados.

Publicado originalmente en Estados Unidos bajo el título *My Life Beyond Leukemia* por Mayo Clinic
Press. Esta traducción ha sido publicada bajo acuerdo con Mayo Clinic, Mayo Foundation for Medical
Education and Research c/o Nordlyset Literary Agency.

Dirección Creativa: José A. Blanco
Vicedirector Ejecutivo y Gerente General, K–12: Vincent Grosso
Desarrollo Editorial: Salwa Lacayo, Lisset López, Isabel C. Mendoza
Diseño: Ilana Aguirre, Radoslav Mateev, Gabriel Noreña, Verónica Suescún, Andrés Vanegas,
 Manuela Zapata
Coordinación del proyecto: Karys Acosta, Tiffany Kayes
Derechos: Jorgensen Fernandez, Annie Pickert Fuller, Kristine Janssens
Producción: Esteban Correa, Oscar Díez, Sebastián Díez, Andrés Escobar, Adriana Jaramillo,
 Daniel Lopera, Juliana Molina, Daniela Peláez, Jimena Pérez
Traducción: Isabel C. Mendoza

Mi vida más allá de la leucemia
ISBN: 978-1-54338-615-8

La información contenida en este libro es veraz y completa según el conocimiento de los autores y el
equipo consultor. Este libro solo pretende ser una guía informativa para quienes deseen aprender más
sobre asuntos de salud, y no pretende reemplazar ni contradecir las recomendaciones de un médico.
Las decisiones finales concernientes al tratamiento de la enfermedad deben tomarse entre el paciente
y el médico. La información de este libro se ofrece sin garantías. Los autores y la editorial renuncian a
cualquier responsabilidad en conexión con el uso de este libro.

Printed in the United States of America

1 2 3 4 5 6 7 8 9 KP 28 27 26 25 24 23